はらぺこさん、
これ食べて
待ってて〜！

つなぎごはん

新谷友里江

「つなぎごはん」は、晩ごはんの前菜みたいなもの。

「つなぎごはん」とは、
こどもが園や学校から帰ってきたあとの、
晩ごはんまでの時間を「つなぐ」ごはんのこと。

急いでしたくはしているけれど、
晩ごはんができあがるまでには、まだちょっと時間がかかる。
でも、はらぺこさんが「おなかすいた！」って言いはじめた……！

甘いお菓子はあげたくないし、
おやつをあげすぎてしまったら、
晩ごはんが食べられなくなっちゃうし。

そんなときに活躍するのが、「つなぎごはん」です。

「これ食べて待ってて〜！」と、パパッと作れる手軽なものから、
これでおなかがいっぱいになっても「ま、いっか」と思えるものまで、
こどもにもおとなにもやさしい、栄養満点のレシピ。

ひとくちなにか口に入ったら、
案外きげんも直ったり。

夕方の、カオスな時間のお助け役になりますように。

つなぎごはんのための便利冷凍ストック

つなぎごはんを作るために、冷凍庫に常備しておくと便利なアイテム。これさえあれば、この本のレシピもちゃちゃっと作れます。

👉 ごはん

100gずつ小分けにして、ラップに包んで冷凍。こども用の小さなおにぎりなら2つ分に。

使えるレシピ

p58ごはんでえびせんべい／p80ツナそぼろおにぎり／p82五平もち風焼きおにぎり／p92スープごはん／p93しらすと塩こんぶの冷やし茶漬け

8枚切りがおなかに軽やか。

👉 食パン

凍ったままでも包丁で切れるので、そのまま冷凍しても、切っても。

使えるレシピ

p62ベリーのパンプディング／p72ごまきなこトースト／p94納豆のりトースト

チンした牛乳に甘酒を加えたり、飲むヨーグルトにトマトジュースを混ぜたりするのもおいしい。

👉 甘酒・トマトジュース

製氷皿に入れて冷凍しておくと、スープやドリンクを作るときに便利。

使えるレシピ

p18甘酒あずきミルク・甘酒きなこミルクp40フルーツ甘酒ヨーグルト／p78マカロニトマトスープ

👉 バナナ

皮をむいて輪切りにして、ジッパーつき保存袋へ。緊急事態のときは、アイスみたいにそのまま食べても。

使えるレシピ

p28キャンディバナナ春巻き／p30バナナジュース

> 解凍して食パンに塗って食べたり、牛乳でのばしてスープにしたり。

👉 さつまいも

皮をむいてゆでてからマッシュして、冷凍。じゃがいもや里いもも、マッシュして冷凍しておくと便利。

（使えるレシピ）

p41オレンジスイートポテト

👉 ブロッコリー

小房に分けて、硬めにゆでて冷凍。冷凍食品を使ってもOK！スープにもパッと入れられる。

（使えるレシピ）

p21ブロッコリーのチーズ焼き

👉 シュレッドチーズ

ちょこっとスープに入れたり、おかずやごはんにかけたりすると味変に。

（使えるレシピ）

p21ブロッコリーのチーズ焼き／p26ぎょうざのかわのピザ／p33しらすチーズいなり／p70レンチンキッシュ

> さやごと冷凍しておくと、風味が落ちにくい。このまま1ヶ月は保存可能！

👉 枝豆

さやごと塩ゆでして冷凍。冷凍食品や、おつまみ用に売っている枝豆を冷凍しても。

（使えるレシピ）

p70レンチンキッシュ／p82五平もち風焼きおにぎり／p90はんぺんと豆腐の落とし焼き

つなぎごはんのための 常温冷蔵ストック

ふだんから買いおきしておくと、急なはらぺこさんにも対応できる、おすすめの食材。乾物や缶詰は特に使いやすいので、いろんな種類を準備してみてください。

👉 **はんぺん**

そのまま食べられるので緊急事態にも使える。焼いたりスープに入れたり、使い方も自由自在。

(使えるレシピ)
p44 はんぺんピカタ／p74 はんぺんツナサンド／p90 はんぺんと豆腐の落とし焼き

👉 **高野豆腐**

水に浸して10分で戻る。もちもちした食感で栄養価も高いので、食べてほしい食材のひとつ。

(使えるレシピ)
p46 高野豆腐のからあげ

👉 **もち**

賞味期限が長く、常温保存できて便利。食べごたえがあっておなかが満足しやすい。

(使えるレシピ)
p64 のりベーコンもち春巻き

もちは3歳くらいから。小さく切ったり、汁物に入れたりすると、食べやすい。

👉 **ヨーグルト**

無糖のものが使いやすい。ギリシャヨーグルトなど歯ごたえがよいものを使っても。

(使えるレシピ)
p40 フルーツ甘酒ヨーグルト／p42 ヨーグルトバーク

👉 **春雨**

麺の代わりにもなり、そこまでおなかいっぱいにならないのもいいところ。

(使えるレシピ)
p86 春雨スープ

👉 焼きのり

ちょっとした味のアクセントをつけるのにぴったり。はんぺんやきゅうりを巻いても。

（使えるレシピ）

p64 のりベーコンもち春巻き／p80 ツナそぼろおにぎり／p88 ささみのり巻き／p94 納豆のりトースト

のりで包むと手が汚れないメリットも。ハサミで好きなかたちに切って、おにぎりに貼るのも楽しい♪

👉 缶詰

ツナやコーンは使いやすくておすすめ。トッピングにも使えるので、常にストックしておきたい。

（使えるレシピ）

p24 コーン缶スープ／p23 コーンみそ厚揚げ／p26 ぎょうざのかわのピザ／p68 コーン蒸しパン／p74 はんぺんツナサンド／p80 ツナそぼろおにぎり

ツナ缶はオイル漬けを選ぶと、コクがあって濃厚な味に。水煮はさっぱりした味なので、お好みに合わせて。

👉 ちりめんじゃこ

栄養があり、魚が苦手なこどもにも食べやすく料理できる。しらすより賞味期限が長い。

（使えるレシピ）

p16 じゃこのりチーズせんべい／p52 れんこんもち

👉 桜えび

風味が豊かになり、栄養もあるので、香りづけやアクセントに入れたい。

（使えるレシピ）

p16 桜えびとカレーのせんべい／p58 ごはんでえびせんべい／p75 おやつもんじゃ

👉 ナッツ

香りと歯ごたえがあって満足度が高い。

（使えるレシピ）

p21 ブロッコリーのチーズ焼き／p32 メープルナッツフィッシュ

CONTENTS

- 02 「つなぎごはん」は、晩ごはんの前菜みたいなもの。
- 04 つなぎごはんのための便利冷凍ストック
- 06 つなぎごはんのための常温冷蔵ストック
- 10 この本の読みかた

☹ はらぺこ度 20％

- 12 野菜のみそチーズディップ
- 14 油揚げチップス
- 16 じゃこのりチーズせんべい
  桜えびとカレーのせんべい
- 18 甘酒あずきミルク
  甘酒きなこミルク
- 20 甘じょっぱ大豆
- 21 ブロッコリーのチーズ焼き
- 22 きゅうりのぽりぽり漬け
- 23 ミニトマトのおひたし
- 24 コーン缶スープ
- 25 コーンみそ厚揚げ
- 26 LET'S COOK ①
  はらぺこさんとつくる
  ぎょうざのかわのピザ

☹ はらぺこ度 40％

- 28 キャンディバナナ春巻き
- 30 バナナジュース
- 32 メープルナッツフィッシュ
  お麩のカリカリ
- 33 しらすチーズいなり

34	赤しそれんこん
36	納豆オクラワンタン
38	茶わん蒸し風スープ
40	フルーツ甘酒ヨーグルト
41	オレンジスイートポテト
42	LET'S COOK ②

はらぺこさんとつくる
ヨーグルトバーク

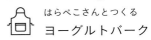 はらぺこ度 60％

44	はんぺんピカタ
46	高野豆腐のからあげ
48	甘辛そぼろのレタス包みとゆでたまごのせ
50	にんじんごまガレット
52	れんこんもち
53	ワンタンスープ
54	レンチン豆花
56	油揚げのみそマヨ焼き
57	おかかじゃがバター
58	LET'S COOK ③

はらぺこさんとつくる
ごはんでえびせんべい

はらぺこ度 80％

60	車麩のフレンチトースト
62	ベリーのパンプディング
64	のりベーコンもち春巻き
66	落としたまごのレタスみそ汁
68	コーン蒸しパン
70	レンチンキッシュ
72	ごまきなこトースト
73	ジャムチーズサンド
74	はんぺんツナサンド
75	おやつもんじゃ
76	LET'S COOK ④

はらぺこさんとつくる
アメリカンドッグ

はらぺこ度 100％

78	マカロニトマトスープ
80	ツナそぼろおにぎり
82	五平もち風焼きおにぎり
84	しらすのお好み焼きオムレツ
86	春雨スープ
88	ささみのり巻き
90	はんぺんと豆腐の落とし焼き
92	スープごはん
93	しらすと塩こんぶの冷やし茶漬け
94	納豆のりトースト

この本の読みかた

この本の読みかたと
レシピのルールを説明しています。

- こどものおなかのすき具合を、「はらぺこ度」であらわしています。数字が小さいものは、ちょっとおなかが満たされるくらいのレシピ、数字が大きいものは、晩ごはんのおかずとしても使えるレシピです。こどもがわかるようになったら、「どのくらいおなかすいてる！？」「40くらい！」などとお使いください。

(はらぺこ度)

20%　40%　60%　80%　100%

- ★は、数が少ないほど、パッと作れます。手軽さレベルをあらわしています。

- (作りおきOK) は、こどものお迎え前や、前夜に作りおいても大丈夫なものです。

[レシピのルール]

- 大さじは15㎖、小さじは5㎖。カップは使用していませんが、100㎖は1/2カップ、200㎖は1カップです。

- 電子レンジ（600W）やトースター（1000W）を使う時間は目安です。ようすを見ながら加減してください。

- 「チン」は電子レンジでの加熱をあらわしています。

- 冷凍ストック食材を使ったレシピは、冷凍していないものでも作れます。加熱時間などを調節してください。

- 分量は、作りやすい分量か、こどもひとり分を目安にしています。晩ごはんとしても使えそうなものは、おとなふたり分で計量しています。

- 倍量で作る場合は、すべての材料を倍にしてください。食材はイメージなので、冷蔵庫にあまっているもの、こどもが好きなものなどで、アレンジしてみてください。

- 牛乳は、豆乳におきかえることができます。

- こどもとお料理するときは、目をはなさず、やけどなどに気をつけてください。

- 晩ごはんのしたくと疲れでピリピリしている時間でのお料理ですが、あわてず、けがをしないように作ってください。

作りおきOK ★☆☆

野菜のみそチーズディップ

こんなふうに食べると、なんだか野菜が楽しいね！
パンやクラッカー、ちくわなんかにつけてもおいしいかも。

混ぜるお手伝いやってみる？

2〜3日なら保存もできます。

[材料] 作りやすい分量

クリームチーズ … 50g
みそ … 小さじ2
牛乳 … 小さじ1
キャベツ、きゅうり、にんじんなど
　… 適量

[作り方]

(1) 耐熱ボウルにクリームチーズを入れて、ふんわりラップ。20秒ほどチンしたら、よく練る。

(2) みそと牛乳を加えて、よく混ぜる。

(3) 好きな野菜を切ったら、ディップをつけていただきます！

12　はらぺこ度 **20%**

チョキチョキ

くっつかないように並べるよ！

パラパラ

（作りおきOK） ★☆☆

油揚げチップス

油揚げをチョキチョキ……。
手を切らないように気をつけて！
ハサミでじょうずに切れたら、
チンして味つけ。カリカリぽりぽりの、
ちょうどいいおやつになりました。

[材料] 作りやすい分量

油揚げ … 1/2枚
塩 … 少々
カレー粉 … 少々

[作り方]

① 油揚げは、ハサミで食べやすく切る。

② 耐熱皿にオーブンシートをしいて、油揚げをのせる。

③ ラップしないで5分半チン。硬くなったら取りだして、塩とカレー粉をふる。

★☆☆

じゃこのり
チーズせんべい

スライスチーズをチンすると、
パリパリのおせんべいに。
ちょこっと食べたいはらぺこさんにぴったり。

[材料]

とろけるスライスチーズ … 1枚
ちりめんじゃこ … 小さじ2
青のり … 適量

チーズを準備！

4等分に切って
オーブンシートの上にのせて

★☆☆

桜えびとカレーの
せんべい

作っているときからおいしそうな香り。
パリッと感があるうちに食べるのがおすすめ。

[材料]

とろけるスライスチーズ … 1枚
桜えび … 小さじ2
カレー粉 … 適量

はらぺこ度 **20%**

甘酒あずきミルク

甘酒きなこミルク

18 はらぺこ度 **20%**

★☆☆

甘酒あずきミルク
甘酒きなこミルク

ぐるぐる混ぜるだけ！ さっぱりした甘さの栄養ドリンク。
おいしいと、なんだかにこにこしちゃうね。

甘酒は冷凍しても固まらないので、
自然解凍でもすぐ溶ける！

[材料] こどもひとり分

甘酒あずきミルク
　冷凍濃縮甘酒 … 50g
　牛乳 … 100㎖
　ゆであずき … 大さじ1

甘酒きなこミルク
　冷凍濃縮甘酒 … 80g
　牛乳 … 100㎖
　きなこ … 小さじ1/2

> あまったゆであずきは、小分けにして冷凍を。トーストに塗ったり、パンケーキのトッピングにしたり。

＼作り方はどっちも同じ！／

[作り方]

① 耐熱皿に冷凍甘酒を入れてふんわりラップし、30秒チンして解凍する。

② グラスに材料をぜんぶ入れて、よく混ぜる。

作りおき OK ★★☆

甘じょっぱ大豆

ポリポリポリポリ……。ああ、手が止まらない。
はらぺこさん、おつまみ用にも
残しておいてほしいなあ。

[材料] 作りやすい分量

蒸し大豆 … 50g
片栗粉 … 適量
サラダ油 … 大さじ1
しょうゆ … 小さじ1
きび砂糖 … 小さじ1

[作り方]

① 保存袋に蒸し大豆と片栗粉を入れてふり、片栗粉をまぶす。

② フライパンにサラダ油を入れて中火にかけ、大豆がカリッとするまで揚げ焼きにする。

③ キッチンペーパーで余分な油を拭き、しょうゆときび砂糖を加えて、さっとからめる。

はらぺこ度 **20%**

★★☆

ブロッコリーのチーズ焼き

チーズがとろっとしているうちに、はいどうぞ。
カリカリナッツと一緒だと、ブロッコリーもおやつみたい。

[材料] こどもひとり分

ミックスナッツ … 5g
冷凍ブロッコリー … 30g (3房)
シュレッドチーズ … 10g

[作り方]

① ミックスナッツをざくざく刻む。
② 耐熱容器にブロッコリーを入れてふんわりラップし、30秒チン。
③ シュレッドチーズをのせてトースターで4分焼き、ミックスナッツをかける。

作りおきOK ★☆☆

きゅうりのぽりぽり漬け

帰ってきたらすぐ食べられるように、
前日から漬けおくレシピ。
汗っかきのはらぺこさんの、塩分補給にも。
かわいいしましまきゅうりで、
おまつりごっこも楽しんで。

[材料] 作りやすい分量

きゅうり … 3本

漬け汁
　水 … 200mℓ
　しょうゆ … 大さじ1
　きび砂糖 … 小さじ2
　塩 … 大さじ1/2
　昆布（5cm角）… 1枚

[作り方]

① きゅうりの皮をしましまにむいて、半分の長さに切る。

② 鍋に漬け汁の材料を入れて、中火にかける。ひと煮立ちしたら、火を止めて粗熱をとる。

③ ジッパーつき保存袋にきゅうりと漬け汁を入れて、冷蔵庫でひと晩漬ける。

サイコー！

小さじ1の練りからしを加えると、おとなのおつまみ用に！

22　はらぺこ度 **20%**

[材料] 作りやすい分量

ミニトマト … 10個

漬け汁
 水 … 150㎖
 かつおぶし … 2g（小さい袋ひとつ分）
 しょうゆ … 小さじ1/2
 塩 … 小さじ1/4

[作り方]

1. 鍋で湯を沸かしてミニトマトを入れる。すぐに出して冷水にとり、皮をむく。
2. 耐熱ボウルに漬け汁の材料をぜんぶ入れてふんわりラップし、1分半チン。
3. 漬け汁の粗熱がとれたら、ジッパーつき保存袋にミニトマトと漬け汁を入れて、ひと晩漬ける。

> 湯むきはめんどう……だけど、味が染みておいしくなる！

作りおきOK　★★☆

ミニトマトのおひたし

晩ごはんの片づけがてら作っておくと、明日が楽！
やさしいおしょうゆ味のトマトです。

(作りおきOK) ★☆☆

コーン缶スープ

ぜんぶ入れてチン！ ほっとするやさしい香りの濃厚スープは、
おなかがあったまって、いい気持ち。

[材料] 作りやすい分量

牛乳 … 200㎖
クリームコーン缶 … 1缶（180g）
きび砂糖 … 小さじ1/2
塩 … 小さじ1/3

[作り方]

耐熱ボウルに材料をぜんぶ入れて、さっと混ぜる。ふんわりラップし、3分チン。

※お好みでクルトンも。冷凍食パンを1cm角に切り、トースターで3分ほどカリッとするまで焼いたら、スープにのせて。

はらぺこ度 **20%**

[材料] こどもひとり分

厚揚げ … 1/2 枚 (75g)

みそだれ
　コーン缶 … 小さじ2
　みそ … 小さじ2
　きび砂糖 … 小さじ2
　水 … 小さじ1/2

[作り方]

① 厚揚げを三角形に4等分する。みそだれの材料をぜんぶ混ぜる。

② フライパンを中火にかけ（魚焼きグリルやトースターでもOK）、厚揚げをこんがり焼く。

③ 厚揚げにみそだれをかける。

作りおきOK　★★☆

コーンみそ厚揚げ

カリッと焼いた厚揚げに、ほんのり甘いみそだれを。
コーンのプチプチは、食べててうれしいアクセント。

LET'S COOK①

はらぺこさんとつくる
ぎょうざのかわのピザ

きょうは いっしょに ゆっくり おりょうりしましょ。
ぎょうざのかわが パリパリの ピザに へんしん！ おうちのひとにも ごちそうするよ！

[材料] こどもひとりぶん

ぎょうざのかわ … 6まい
みず … すこし
ケチャップ … おおさじ1/2
ツナかん (すこししぼる) … 1/2かん
たまねぎ (うすくきって、ながさを1/3に) … 20g
シュレッドチーズ … 10g
オリーブオイル … すこし

[つくりかた]

1
ぎょうざのかわの 1まいのふちに みずをつけて。もう1まいを かさねて ぴったりはるよ。

2
3まいのピザきじに ケチャップをぬりぬり。スプーンのうらを つかって ぬると うまくいくよ。

3
ツナ たまねぎ チーズ すきなものをのせて。アルミホイルに オリーブオイルをぬったら ピザをのせて トースターで 6ぷんくらいやこう。

こんがり やいてね

でーきたできた！

あつあつだから きをつけて たべなくちゃ！

はらぺこ度 **20%**

作りおきOK ★★☆

キャンディバナナ春巻き

あったかいバナナがとろんと甘い、キャンディ型の春巻き。
はじっこのカリカリのとこがおいしいよ！

[材料] こどもひとり分

春巻きの皮 … 1枚
冷凍バナナ（1.5 cmの輪切り）… 4つ
シナモンパウダー … 少々
サラダ油 … 小さじ1/2

[作り方]

① 春巻きの皮を4等分に切り、上下のふちに水をつける。

② バナナをのせてシナモンパウダーをふって、巻く。両端にも水をつけて、キャンディ包みにする。

③ アルミホイルにサラダ油をひき、キャンディに油をからめてから、アルミホイルごとトースターで4分ほど焼く。

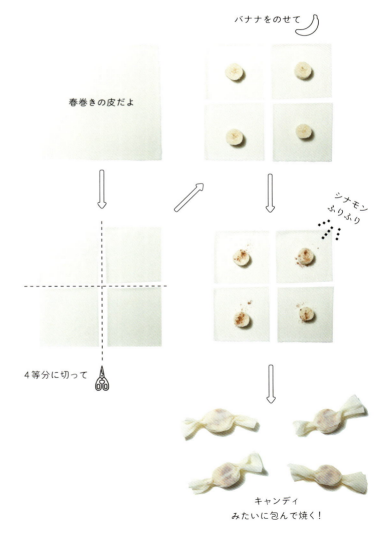

★☆☆

バナナジュース

余裕がある日は、晩ごはんを作る隣で一緒にお料理。
かわいいペットボトルを取っておくと、
こういうときに役立つ！

[材 料] こどもひとり分

バナナ … 1本 (100g)
牛乳 … 100㎖
はちみつ（またはきび砂糖）… 小さじ1

⬇ 冷凍バナナを使うときは30秒チンしてね

バナナは 皮むいて

ぎゅーっと押して
つぶしてつぶして

牛乳とはちみつ
入れて
まぜまぜ

はらぺこ度 **40%**

(作りおきOK) ★☆☆

メープルナッツ フィッシュ

栄養満点の小魚とナッツを甘辛く味つけ。歯が強くなるから、よくかもう。

[材料] こどもひとり分

小魚 … 10g
ミックスナッツ … 15g
メープルシロップ … 小さじ1
しょうゆ … 小さじ1/4

[作り方]

① フライパンに小魚とミックスナッツを入れて中火にかけ、から炒りする。

② カリッとしてきたら、メープルシロップとしょうゆを加えてからめる。

(作りおきOK) ★☆☆

お麩のカリカリ

チーズとごまの組み合わせで、おとなもこどももやみつきに。

[材料] こどもひとり分

麩（お花型）… 10個
オリーブオイル … 小さじ1/2
すりごま … 小さじ1/2
粉チーズ … 小さじ1/2

[作り方]

① ボウルに材料をぜんぶ入れてからめる。

② アルミホイルにお麩を並べて、トースターで2分ほど焼く。

はらぺこ度 **40%**

(作りおきOK) ★★☆

しらすチーズいなり

「中になにが入ってると思う?」って、もぐもぐしながらお話。
しらすとチーズを詰めた、びっくりいなりだよ!

[材料] 作りやすい分量

油揚げ (ふわふわタイプ) … 1枚
しらす … 小さじ2
シュレッドチーズ … 10g

[作り方]

1. 油揚げを半分に切り、袋状にひらく。
2. 油揚げにしらすとシュレッドチーズを詰める。楊枝で口を止めて、トースターで4分焼く。

34 ☹ はらぺこ度 **40%**

(作りおきOK) ★★☆

赤しそれんこん

シャキッとした歯ごたえが人気のれんこんも、
つなぎごはんにぴったりの食材。
赤しそふりかけの香りがおいしいね。

[材料] こどもひとり分

れんこん … 50g
片栗粉 … 適量
サラダ油 … 大さじ1
赤しそふりかけ … 小さじ1/4

[作り方]

① れんこんを5mm幅で半月切りにする。さっと水にさらしてから、水気を拭く。

② 保存袋にれんこんと片栗粉を入れてふり、片栗粉をまぶす。

③ フライパンにサラダ油を入れて中火にかけ、れんこんがカリッとするまで焼く。油を切ってボウルに入れ、ふりかけを和える。

キッチンペーパーでしっかり拭くとカリッと仕上がる！

シャカシャカ

カリッ

オクラが納豆にからむようによーく混ぜておくと包みやすい！

[材料] 作りやすい分量

余った皮はラップに包んで冷凍しておける！

オクラ … 1本
納豆 … 1パック
ワンタンの皮 … 6枚
サラダ油 … 大さじ1/2
しょうゆ … 適量

[作り方]

① オクラを縦4等分に切って、小口切りにする。

② ボウルにオクラと納豆を入れて混ぜ、ワンタンの皮に1/6量ずつのせる。ふちに水をつけて三角に包む。

③ フライパンにサラダ油を入れて中火にかけ、ワンタンを3〜4分焼く。両面がこんがりしたら、しょうゆをつけて食べる。

焼くのは4分くらい！
すぐできるよー！

(作りおきOK) ★★☆

納豆オクラワンタン

オクラと納豆は、おなかの調子を整えるのにもよい食材。
いつもと違う納豆の食べ方、喜んでもらえるかな？

作りおき OK ★★☆

茶わん蒸し風スープ

おだしが香るふわっふわ茶わん蒸しは、チンしてパパッと。
たまご1個分なので、はらぺこさんのおなかにほどよい量なんです。

好きなものを追加しても。枝豆とかコーンでもおいしそう！

[材料] こどもひとり分

しいたけ … 1/2 個
カニカマ … 1 本
たまご … 1 個
水 … 150㎖
めんつゆ (3倍濃縮) … 大さじ1/2

[作り方]

① しいたけの軸を取って薄く切る。カニカマをほぐす。
② 耐熱の器にたまごを割って溶き、水とめんつゆを加えて混ぜる。
③ しいたけとカニカマも加えてふんわりラップし、3分半チン。

はらぺこ度 40%

作りおきOK　★☆☆

フルーツ甘酒ヨーグルト

疲れた体には、甘酒がとってもいいんだよ。
これ食べて、明日も元気にあそぼうね！

[材料] こどもひとり分

冷凍濃縮甘酒 … 大さじ1
ドライマンゴー … 1きれ (15g)
無糖ヨーグルト … 100g

[作り方]

1. 耐熱皿に冷凍甘酒を入れてふんわりラップし、30秒チンして解凍する。
2. マンゴーを角切りにする。
3. ボウルにヨーグルトと甘酒、マンゴー（トッピング用に少し残す）を入れて混ぜる。盛りつけたらマンゴーを飾る。

はらぺこ度 **40%**

[材料] 作りやすい分量

レーズン … 5粒
冷凍さつまいも … 100g
マーマレード … 大さじ1
牛乳 … 小さじ1/2

[作り方]

① レーズンをざっくり刻む。
② 耐熱ボウルにさつまいもを入れてふんわりラップし、40秒ほどチンして解凍する。
③ 2にレーズンとマーマレード、牛乳を加えて混ぜ、4等分にして丸める。

\ ねんど 遊びみたい。 /

こねこね
コロコロ

作りおきOK　★☆☆

オレンジ
スイートポテト

隠し味に入れたマーマレードの甘酸っぱさがたまらない！ゆっくり作れるときは、こねこねタイムも楽しんで。

LET'S COOK②　はらぺこさんとつくる ヨーグルトバーク

ヨーグルトを　ぐるぐるまぜて　れいとうしたら　アイスになった！
パキポキ　わるのも　たのしいよ。

[材料] つくりやすいぶんりょう

ギリシャヨーグルト … 100g
はちみつ … おおさじ1
ミックスベリー … 30g

[つくりかた]

1. ボウルに　ギリシャヨーグルトと　はちみつをいれて　ぐるぐる。
2. バットに　オーブンシートをしいたら　ながしこもう。
3. ミックスベリーを　すきなところに　のせてね。ラップして　れいとうこへ。
4. 5〜6じかんで　かたまるよ！　すきなおおきさに　わってたべてね。

こぼさないように
じょうずに
できるよ！

はらぺこ度
６０％

(作りおきOK) ★★★

はんぺんピカタ

コロコロの、これなーんだ。
はんぺんに衣をつけて焼くと、ふわふわジューシー。
冷めてもおいしい、つなぎごはんです。

[材料] 作りやすい分量

はんぺん … 1/2枚
小麦粉 … 小さじ1
たまご … 1/2個
粉チーズ … 小さじ1
オリーブオイル … 小さじ1

[作り方]

① はんぺんを2cm角に切る。保存袋にはんぺんと小麦粉を入れてふり、小麦粉をまぶす。

② 小さいボウルにたまごと粉チーズを入れて混ぜ、はんぺんによくからめる。

③ フライパンにオリーブオイルを入れて中火にかけ、はんぺんを焼く。フタをして弱火にし、蒸し焼きにする。

ピクニックに持っていきたい！

作りおきOK ★★★

高野豆腐のからあげ

高タンパクで鉄分もカルシウムも豊富な、
成長期を助ける食材。
高野豆腐ってこんなにおいしいの!?

[材料] 作りやすい分量

水 … 大さじ3
めんつゆ（3倍濃縮）… 大さじ1と1/2
高野豆腐 … 1個
片栗粉・揚げ油 … 適量

[作り方]

1. バットに水とめんつゆを入れて混ぜ、高野豆腐を10分ほど浸す。高野豆腐を一口大にちぎる。

2. 保存袋に片栗粉を入れる。高野豆腐の汁気を軽く絞ってから、袋に加えてふり、片栗粉をまぶす。

3. 小鍋に5mmくらいの高さの揚げ油を入れて中火にかけ、高野豆腐がカリッとするまで3〜4分揚げ焼きにする。

(作りおきOK) ★★☆

甘辛そぼろの
レタス包みと
ゆでたまごのせ

そぼろがおいしいと、
レタスもバリバリ食べちゃうから不思議。
さっぱりする鶏ひき肉で作るのがおすすめ。

[材料] 作りやすい分量

鶏ひき肉 … 200g
酒 … 大さじ2
しょうゆ … 大さじ1と1/3
きび砂糖 … 大さじ1と1/3
レタスまたはゆでたまご

[作り方]

(1) 鍋にひき肉と調味料を入れて、箸でほぐす。中火にかけて、箸でほぐしながら、汁気がなくなるまで炒める。

(2) そぼろをレタスで包む。または、半分に切ったゆでたまごにのせる。

なるべく細く切るとよりおいしい。

(作りおきOK) ★★★

にんじんごまガレット

味つけはお塩だけ。にんじんの自然な甘みとごまの香りで、ぱくぱく食べちゃう。千切りはスライサーでも。

[材料] こどもひとり分

にんじん … 30g
小麦粉 … 小さじ1
水 … 小さじ1/2
黒ごま … 小さじ1/2
オリーブオイル … 小さじ1
塩 … 少々

[作り方]

1. にんじんを千切りにしてボウルに入れる。小麦粉を加えてまぶす。
2. 水と黒ごまを加えて、さっと混ぜる。
3. フライパンにオリーブオイルを入れて中火にかけ、にんじんを4等分にして入れる。2分ほど焼いてこんがりしたら、裏返して2分焼く。盛りつけて塩をふる。

(作りおきOK) ★★★

れんこんもち

すりおろすのがちょこっと手間ですが、もちもちのれんこんは、みんな大好き。お弁当のおかずにもぜひ。

[材料] 作りやすい分量

れんこん … 100g
ちりめんじゃこ … 大さじ1
片栗粉 … 大さじ1
塩 … 少々
れんこん（飾り用）… 適量
ごま油 … 大さじ1/2

[作り方]

① れんこんをすりおろす。飾り用のれんこんは、薄く半月切りにして水にさらす。

② ボウルにすりおろしれんこんとちりめんじゃこ、片栗粉、塩を入れて、よく混ぜる。

③ フライパンにごま油を入れて中火にかけ、生地を4等分にして丸く広げる。

④ 飾り用のれんこんをのせて2分ほど焼き、こんがりしたら裏返して1〜2分焼く。

[材料] こどもひとり分

長ねぎ … 10g
鶏ひき肉 … 30g
もやし … 20g
ワンタンの皮 … 3枚
スープ
　水 … 200㎖
　ごま油 … 小さじ1/2
　しょうゆ … 小さじ1/2
　塩 … 少々

[作り方]

① 長ねぎを小口切りにする。
② 耐熱ボウルにスープの材料を入れて混ぜる。
③ ひき肉を加えてほぐしたら、長ねぎともやしを加える。ワンタンの皮を重ならないように加える。
④ ふんわりラップし、4分半チン。

作りおきOK　★★☆

ワンタンスープ

包まないで使う、ぺろんとしたワンタンの皮がおいしい。
多めに作るときは、お鍋のほうが早く火が通ります。

お豆が逃げちゃわ
ないように…

[材料] 作りやすい分量

水 … 大さじ1
粉ゼラチン … 小さじ1
調製豆乳 … 200㎖
きび砂糖 … 大さじ1/2

トッピング
　冷凍マンゴーや煮豆などお好みで
シロップ
　きび砂糖 … 大さじ4
　水 … 120㎖

[作り方]

(1) 小さい器に水を入れ、ゼラチンをふり入れて混ぜ、ふやかす。

(2) 耐熱ボウルに豆乳ときび砂糖を入れてふんわりラップし、レンジで1分チン。混ぜて砂糖を溶かす。

(3) ゼラチンがふやけたら20秒チン。ゼラチンをしっかり溶かしてから、2のボウルに加えて混ぜる。

(4) 冷蔵庫で5〜6時間冷やし、固まったらすくって盛りつける。

(5) シロップを作る。耐熱ボウルに材料をぜんぶ入れてふんわりラップし、レンジで1分半チン。

(6) 粗熱をとったシロップをたっぷりかける。お好みのトッピングを盛りつける。

缶詰のフルーツなどトッピングはお好みで。

(作りおきOK) ★★★

レンチン豆花

夕方が来てもあわてない、作りおきのレシピ。
つるんとした喉ごしのよさが、
疲れた体をいやしてくれます。

[材料] こどもひとり分

油揚げ … 1/2枚
長ねぎ … 10g
みそ … 小さじ1/2
きび砂糖 … 小さじ1/2
マヨネーズ … 適量

[作り方]

① 油揚げを4等分に切る。長ねぎをみじん切りにする。

② ボウルに長ねぎとみそ、きび砂糖を入れて混ぜる。

③ 油揚げにみそだれを塗って、マヨネーズをかける。トースターで4分焼く。

(作りおきOK) ★★☆

油揚げのみそマヨ焼き

ねぎの入ったみそとマヨを油揚げに塗って、カリカリに焼いたつなぎごはん。
マヨネーズのコクがたまらないスナックです。

はらぺこ度 60%

作りおきOK ★★☆

おかかじゃがバター

いつものじゃがバターが、おかかじょうゆでへんしん！
ふんわり香るおかかに、はらぺこさんもほっこり。

[材料] 作りやすい分量

じゃがいも … 1個(150g)
バター … 5g
しょうゆ … 小さじ1
かつおぶし … 2g(小さい袋ひとつ分)

[作り方]

1. じゃがいもを半分に切って、耐熱皿にのせる。ラップして3分チン。
2. やわらかくなったら、十字に切り込みを入れてお皿に盛る。
3. しょうゆとかつおぶしを混ぜ、バターと一緒にじゃがいもにのせる。

LET'S COOK③

はらぺこさんとつくる
ごはんでえびせんべい

ごはんを つぶして つぶして
やいたら おせんべいになるの?
ふしぎだね。ほんとうに おせんべいに
なっちゃった。えびも みつけたよ!

[材料] つくりやすいぶんりょう

さくらえび … おおさじ1
ごはん … 50g
しょうゆ … こさじ1/4

[つくりかた]

① さくらえびは ちいさくちぎっておいてね。

② ボウルに さくらえびと ごはんと しょうゆをいれて まぜよう。

③ 5つにわけて 5まいのおせんべいを つくるよ。

④ オーブンシートに ごはんをのせて もう1まいのオーブンシートを のせてね。うえからおして ごはんをつぶそう。

⑤ うえの オーブンシートをはがしたら 3ぷんから 3ぷんはんくらいチン。

はらぺこ度
80%

作りおきOK ★★★

車麩のフレンチトースト

たんぱく質やアミノ酸が豊富で消化によいお麩を、パンの代わりに。
まあるくてドーナツみたいな形が、おもしろいね。

はらぺこ度 **80%**

[材料] こどもひとり分

牛乳 … 100㎖
たまご … 1/2個
きび砂糖 … 小さじ2
車麩 … 1個
バター … 5g
メープルシロップ … 適量

[作り方]

① ジッパーつき保存袋に牛乳とたまご、きび砂糖を入れてよく混ぜる。車麩を加えて、20分ほど漬ける。

② フライパンにバターを入れて中火にかけ、車麩を2分ほど焼く。焼き色がついたら裏返す。フタをして弱火にし、2〜3分蒸し焼きにする。

③ 盛りつけて、メープルシロップをかける。

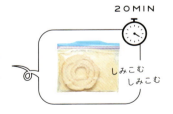

20MIN
しみこむ
しみこむ

61

作りおきOK ★★★

ベリーのパンプディング

わくわくする、ちょっと華やかなつなぎごはん。
豆乳を使って軽やかなさっぱり味に。あつあつのうちにどうぞ。

ベリーは冷凍のままのせてOK!

[材料] 作りやすい分量

冷凍食パン (8枚切り) … 1/2枚
たまご … 1/2個
無調整豆乳 … 80mℓ
きび砂糖 … 大さじ1
冷凍ミックスベリー … 30g

[作り方]

(1) 食パンを4等分に切る。ボウルにたまごと豆乳、きび砂糖を入れて混ぜる。

(2) 耐熱皿に食パンを入れて卵液をかけ、パンに染み込ませる。

(3) ミックスベリーをのせて、トースターで12分ほど焼く。

★★☆

のりベーコン もち春巻き

ベーコンの塩気と焼きのりの風味が
香ばしいから、調味料なし！
もちもち食感でおなかも満足。

[材料] こどもひとり分

切りもち … 1個
焼きのり … 1/4枚
ベーコン … 1/2枚
春巻きの皮 … 1枚
サラダ油 … 小さじ1/2

[作り方]

① もちを縦半分に切り、厚みも半分にする。焼きのりは8等分に、ベーコンと春巻きの皮は4等分に切る。

② 春巻きの皮1枚に焼きのり、ベーコン、切ったもちを1つのせる。皮のふちに水をつけて巻く。両端を押さえてくっつける。

③ アルミホイルにサラダ油をひき、春巻きにからめてから、アルミホイルごとトースターで4分ほど焼く。

きゅきゅっと巻いて、水でしっかりくっつけて。

66 はらぺこ度 80%

(★★★)

落としたまごの
レタスみそ汁

とろろ昆布とかつおぶしをたっぷりのせた、
おだしいらずのおみそ汁。
やわらか半熟たまごとしっかり硬めたまご、
どっちが好きかな？

白身がふんわり黄身を包んでいくようすを見るのも楽しい！

[材料] こどもひとり分

水 … 200㎖
たまご … 1個
レタス … 1/2枚
みそ … 小さじ2
とろろ昆布 … ひとつまみ
かつおぶし … 少々

[作り方]

① 鍋に水を入れて沸かし、たまごを割って入れる。フタをして2〜3分煮る。
② ちぎったレタスを加え、さっと煮て火を止める。みそを溶く。
③ お椀に盛りつけてからとろろ昆布をのせて、かつおぶしをかける。

> スプーンでざっと混ぜて、粉っぽさがなくなればOK。

(作りおきOK)　★★★

コーン蒸しパン

計量さえがんばれば、チンであっという間にできる、
しあわせなほわほわパン。
朝ごはんになにもない！　というときにもぴったり。

[材料] 直径11.5cm、高さ5.5cmの耐熱容器1個分

たまご … 1/2個
きび砂糖 … 大さじ1と1/2
サラダ油 … 大さじ1と1/2
牛乳 … 大さじ1
小麦粉 … 大さじ4
ベーキングパウダー … 小さじ1/4
コーン缶 … 1/2缶

[作り方]

(1)　ボウルにたまごを割って溶く。きび砂糖とサラダ油、牛乳を順番に加えて、その都度よく混ぜる。

(2)　小麦粉とベーキングパウダーをふるって加え、粉気がなくなるまで混ぜる。汁気を切ったコーンを加えて混ぜる。

(3)　耐熱容器にオーブンシートをしいて、生地を流し入れる。ふんわりラップし、1分半チン。生焼けの部分があれば、ようすを見つつ20秒ほどプラスしてチン。

（作りおきOK） ★★☆

レンチンキッシュ

耐熱のカップやお茶碗で作れば、すくって食べられる！
洗いものも少ないから楽ちんです。
好きな野菜を加えてアレンジを楽しんで。

[材料] こどもひとり分

冷凍枝豆 … (さやのままで)20g
ミニトマト … 2個
たまご … 1個
牛乳 … 大さじ1
塩 … 少々
シュレッドチーズ … 5g
ケチャップ … 適量

ケチャップは
たっぷりが好き〜!

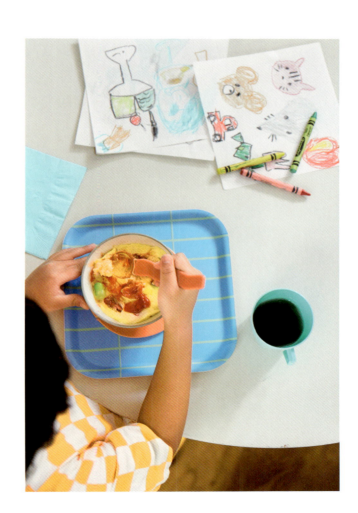

[作り方]

① 枝豆は解凍してさやから取り出す。ミニトマトは縦4等分に切る。

② 耐熱ボウルにたまごを割って溶き、牛乳と塩を加えて混ぜる。

③ 枝豆とミニトマトとチーズを加えて混ぜる。ふんわりラップし、1分半〜2分チン。ケチャップをかける。

(作りおきOK) ★☆☆

ごまきなこトースト

おとなには懐かしい、きなこのやさしい甘み。
ペーストは少し多めに作っておいて、2〜3日使っても。
スティック野菜につけてもおいしいね！

[材料] こどもひとり分

冷凍食パン（8枚切り）… 1/2 枚
ペースト
　すりごま … 小さじ1
　きなこ … 小さじ1
　はちみつ … 小さじ1/2
　牛乳 … 小さじ1/2

[作り方]

① 食パンは縦半分に切って、トースターでカリッと焼く。

② ペーストの材料をぜんぶ混ぜ、パンに塗る。

はらぺこ度 80%

(作りおきOK)　★☆☆

ジャムチーズ
サンド

いちごジャムとチーズって、
一緒に食べるとどんな味？
甘いのとしょっぱいのは、
とっても相性がいいんです。

[材料] こどもひとり分

食パン（サンドイッチ用）… 2枚
スライスチーズ … 1枚
いちごジャム … 小さじ2

[作り方]

① 食パン1枚の片面にジャムを塗り、スライスチーズをのせる。

② もう1枚のパンで挟み、食べやすい大きさに切る。

作りおきOK ★☆☆

はんぺんツナサンド

あれぇ？　パンじゃなくてはんぺんだ！
びっくりサンドはふわっふわで、お魚の栄養たっぷり。

[材料] こどもひとり分

はんぺん … 1/2 枚
ツナ缶 … 1/2 缶
マヨネーズ … 小さじ1
フリルレタス … 適量

[作り方]

① はんぺんに、ポケット状の切り込みを入れる。

② ツナの汁気を切ってボウルに入れ、マヨネーズを加えて混ぜる。

③ はんぺんにフリルレタスとツナマヨを詰める。

はらぺこ度 **80%**

[材料] 作りやすい分量

桜えび … 大さじ1
小麦粉 … 大さじ1
水 … 80㎖
ウスターソース … 大さじ1/2
かつおぶし … 2g（小さい袋ひとつ分）
サラダ油 … 少々
青のり … 少々

[作り方]

① 桜えびを粗く刻む。
② ボウルに小麦粉を入れ、少しずつ水を加えて混ぜる。
③ ウスターソースとかつおぶし、桜えびを加えてさっと混ぜる。
④ フライパンにサラダ油を入れて中火にかけ、生地を流し入れる。全体を混ぜながら加熱して、とろっとして火が通ったら青のりをふる。

作りおきOK　★★☆

おやつもんじゃ

おもしろい名前の、不思議な食べもの。
ちょびっとずつ、すくいながらどうぞ。

LET'S COOK④

はらぺこさんとつくる アメリカンドッグ

コンビニで よくみる ぼうつきの おやつ。ソーセージと ホットケーキの こなで できるのよ。ちいさいからいっぱい たべよう。みんなに あげよう。

[材料] こどもひとり分

ソーセージ … 3ぼん
ホットケーキミックス … おおさじ4
ぎゅうにゅう … おおさじ2
サラダあぶら … すこし
ケチャップ … すこし

[つくりかた]

1 ソーセージは ななめはんぶんに きるよ。

2 ようじを さしてね。

3 ホットケーキミックスと ぎゅうにゅうを まぜて きじを つくるよ。
ソーセージに きじを たっぷりつけてね。

4 フライパンに サラダあぶらを 5mmくらい いれて あげやき しよう。
2ふんくらいで こんがりする から うらがえして また2 ふんやこう。

できたー！ ケチャップかけて いただきまーす

はらぺこ度
１００％

(作りおきOK) ★★★

マカロニ
トマトスープ

たっぷりの野菜とマカロニで、しっかりめのつなぎごはん！
これで少しおなかが落ち着いたら、
晩ごはんはおにぎりだけでもよさそう。

はらぺこ度 100%

[材料] おとなふたり分

ベーコン … 2枚
いんげん … 4本
玉ねぎ … 1/4個 (50g)
オリーブオイル … 小さじ1
マカロニ (早ゆでタイプ) … 30g
スープ
　冷凍トマトジュース (無塩) … 200㎖
　水 … 200㎖
　洋風スープの素 … 小さじ1/2
　塩 … 小さじ1/4

[作り方]

① ベーコンといんげんを1cm幅に切る。玉ねぎは1cm角に切る。

② 鍋にオリーブオイルを入れて中火にかけ、**1**を炒める。

③ しんなりしてきたら、スープの材料をぜんぶ加える。煮立ったら弱火にして、5〜6分煮る。

④ 野菜に火が通ったらマカロニを加え、2〜3分煮る。

冷凍していないトマトジュースでも作れます。

作りおきOK ★★☆

ツナそぼろおにぎり

待ったなしのはらぺこさんには、やっぱりお米がいちばん！
作りおきできるツナそぼろは、ごはんとの相性ばつぐんだね。

[材料] 作りやすい分量

ツナの水煮缶 … 2缶 (140g)
冷凍ごはん … 100g
サラダ油 … 小さじ1
しょうゆ … 小さじ2
きび砂糖 … 小さじ2
焼きのり … 適量

[作り方]

① ツナ缶の汁気を切る。ごはんを2分チンして解凍する。

② フライパンにサラダ油を入れて中火にかけ、ツナを炒める。水分が飛んでパラッとしたら、しょうゆときび砂糖を加える。汁気がなくなるまで炒める。

③ ごはんを半分に分け、ツナを小さじ1くらいずつ入れて、丸く握る。ちぎったのりとツナそぼろをのせる。

2〜3日なら保存もできます。

まとめて作っておくと便利！
ブロッコリーと和えてもおいしい。

81

作りおきOK ★★★

五平もち風焼きおにぎり

枝豆でアクセントをつけた甘いたれをのせて、こんがり焼いて。
カリカリしたお焦げみたいなごはんもおいしいね。

ちょこっと焦げたくらいがちょうどいい！

[材料] こどもひとり分

冷凍枝豆 … (さやのままで)10g
冷凍ごはん … 100g
みそ … 小さじ1
すりごま … 小さじ1/2
きび砂糖 … 小さじ1/2

[作り方]

① 枝豆をさやから取り出して、粗く刻む。ごはんを2分チンして解凍する。

② 小さい器にみそとすりごま、きび砂糖を入れて混ぜ、枝豆を加えて混ぜる。

③ ごはんは半分に分けて、三角に握る。表面にみそだれを塗って、トースターで5〜6分焼く。

(作りおきOK) ★★★

しらすのお好み焼きオムレツ

キャベツとしらすをたっぷり入れて、栄養価もばっちり。
晩ごはんのおかずにも、お弁当にも使えるレシピです。

[材料] おとなふたり分（直径20cmのフライパン1台）

キャベツ … 2枚
たまご … 3個
しらす … 大さじ2
牛乳 … 大さじ2
塩 … 少々
サラダ油 … 大さじ1/2
中濃ソース・青のり … 適量

[作り方]

① キャベツを5mm幅の細切りにする。

② ボウルにたまごを割って溶き、しらすと牛乳、塩を加えて混ぜる。

③ フライパンにサラダ油を入れて中火にかけ、キャベツを炒める。しんなりしてきたら生地を流し入れる。ヘラで大きく混ぜながら半熟になるまで焼く。フタをして、弱火で2〜3分蒸し焼きにする。

④ 焼き目がついたら裏返し、さらに1〜2分蒸し焼きにする。ソースをかけて、青のりをふる。

とりあえず先に
ひときれ食べてて〜！

★★☆

春雨スープ

くたくたに煮えたレタスと春雨だけの、
おなかにやさしいスープ。
おなかすきすきのはらぺこさんにどうぞ。

ぜんぶ入れてお鍋でぐつぐつ。レタスはあとで入れてね。

[材料] おとなふたり分

春雨 … 3個 (24g)
レタス … 2枚 (80g)
スープ
　水 … 400ml
　鶏ガラスープの素 … 小さじ1
　しょうゆ … 小さじ1
　ごま油 … 小さじ1/2
　塩 … 小さじ1/4

[作り方]

① 鍋にスープの材料を入れ、中火にかけて煮立たせる。春雨を加えて、弱火で2〜3分煮る。
② 春雨がやわらかくなったら、ちぎったレタスを加えてさっと煮る。

(作りおきOK) ★★☆

ささみのり巻き

ぱくぱく食べちゃう、おもしろのり巻き。
ヘルシーなささみだから、たくさん食べても大丈夫。
おとなはお好みでわさびをつけて。

[材料] こどもひとり分

ささみ … 1本 (70g)
しょうゆ … 小さじ1
焼きのり … 1/2枚

[作り方]

(1) ささみを8等分の棒状に切って、しょうゆをからめる。

(2) 焼きのりを8等分の棒状に切って、ささみに巻きつける。

(3) アルミホイルの上にささみをのせ、トースターで4分ほど焼く。

作りおきOK ★★★

はんぺんと豆腐の落とし焼き

食べた瞬間、カニカマとはんぺんのうまみがじんわり。
味つけなしでおいしい、コロコロかわいいおかずです。

[材料] おとなふたり分

冷凍枝豆 … (さやのままで) 40g
カニカマ … 2本
はんぺん … 1/2枚
木綿豆腐 … 1/3丁 (100g)
片栗粉 … 大さじ1
ごま油 … 大さじ1/2

[作り方]

① 枝豆はさやから取りだす。カニカマは1cm幅に切る。

② 保存袋にはんぺんと豆腐を入れてつぶし、片栗粉を加えてよく揉む。

③ 枝豆とカニカマを加えて混ぜたら、8等分にして平たい丸型に整える。

④ フライパンにごま油を入れて中火にかけ、生地を焼く。2分ほど焼いてこんがりしたら裏返す。フタをして弱火にし、1〜2分蒸し焼きにする。

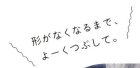
形がなくなるまで、よーくつぶして。

[材料] こどもひとり分

スープ
　　ハム … 1枚
　　アスパラ … 1本
　　水 … 200㎖
　　洋風スープの素 … 小さじ1/4
　　塩 … 少々
冷凍ごはん … 100g

[作り方]

① ハムを半分に切り、端から1㎝幅に切る。アスパラの根本を落として下1/3の皮をむき、短めのなめ切りにする。ごはんを2分チンして解凍する。

② 耐熱ボウルにスープの材料を入れてふんわりラップし、3分チン。

③ 器にごはんを盛りつけて、スープをかける。

★★☆

スープごはん

チンして作れる簡単スープを
ごはんにかけて。
食べてる間におかずを作るから、
あとでちょっとつまんでね！

はらべこ度 100%

(★★☆)

しらすと塩こんぶの
冷やし茶漬け

冷た〜い麦茶に、
昆布としらすのうまみが溶け合うおいしさ。
さらさらっと食べられて、
食欲がないときにもぴったり。

[材料] こどもひとり分

きゅうり … 1/8本
冷凍ごはん … 100g
しらす … 小さじ2
塩昆布 … ひとつまみ
冷たい麦茶 … 100㎖

[作り方]

① きゅうりを縦4等分に切り、1㎝幅に切る。
② ごはんを2分チンして解凍したら、ザルに入れて流水でさっと洗う。
③ 器にごはんを盛りつける。しらすと塩昆布、きゅうりをのせて、麦茶をかける。

★☆☆

納豆のりトースト

納豆とパンの相性をむすぶのは、バターの存在。
カリッと焼いたら、あつあつのうちにどうぞ。

[材料] こどもひとり分

冷凍食パン（8枚切り）… 1/2 枚
焼きのり … 少々
しょうゆ … 小さじ1/4
納豆 … 1/2 パック
バター … 適量

食パンを半分に切るよ

のりをちぎってのせて

しょうゆを混ぜた納豆をのせて

バターをのせたら、
トースターで4分焼こう。

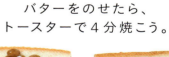

94　はらぺこ度 100%

新谷友里江（にいや・ゆりえ）

料理家・管理栄養士。祐成二葉氏のアシスタント、祐成陽子クッキングアートセミナー講師を経て独立。離乳食やお弁当など、手軽に作れておいしいレシピに定評がある。著書に『小学生のお料理ブック：ぜ〜んぶひとりでできちゃう！』（家の光協会）、『つくりおき幼児食 1歳半〜5歳：まとめて作ってすぐラクごはん♪』（西東社）など多数。

撮影：中村寛史
スタイリング：久保田朋子
デザイン：高橋朱里（マルサンカク）
モデル：岩田凪
校正：金子亜衣
料理アシスタント：大澤みお、木村薫、兵藤まどか、寺澤寛奈
編集：吉川愛歩
編集担当：松下大樹（誠文堂新光社）

つなぎごはん
はらぺこさん、これ食べて待ってて〜！

2024年12月15日　発　行　　　　　　NDC599
2024年12月15日　第2刷

著　者　　新谷友里江
発行者　　小川雄一
発行所　　株式会社 誠文堂新光社
　　　　　〒113-0033 東京都文京区本郷3-3-11
　　　　　https://www.seibundo-shinkosha.net/
印刷所　　株式会社 大熊整美堂
製本所　　和光堂 株式会社

©Yurie Niiya. 2024　　　　　　　　Printed in Japan
本書掲載記事の無断転用を禁じます。
落丁本・乱丁本の場合はお取り替えいたします。

本書の内容に関するお問い合わせは、小社ホームページのお問い合わせフォームをご利用ください。
本書に掲載された記事の著作権は著者に帰属します。これらを無断で使用し、展示・販売・レンタル・講習会等を行うことを禁じます。

JCOPY 〈（一社）出版者著作権管理機構 委託出版物〉
本書を無断で複製複写（コピー）することは、著作権法上での例外を除き、禁じられています。本書をコピーされる場合は、そのつど事前に、（一社）出版者著作権管理機構（電話 03-5244-5088/FAX 03-5244-5089/e-mail:info@jcopy.or.jp）の許諾を得てください。

ISBN978-4-416-52457-2